NEW 하나짱의 신나는 일본어 ①

워크북

지음

Unit 1 おはよう!

① 우리말로 된 부분을 일본어로 말해 보세요.

(힌트)
こんにちは
またね
おはよう

안녕?

おはよう!!

1. 답: _____ 。

こんにちは。

나는 하나야

2. 답: _____ 。

じゃあね。

또 보자!

3. 답: _____ 。

❷ 알맞은 것끼리 바르게 연결하세요.

❸ 다음 빈칸을 채우고, 읽어보세요.

1. 禾 + ム →

2. 了 + 一 →

❹ 그림에서 お에는 녹색, は에는 검정색으로 칠하세요. 무엇이 보이나요?

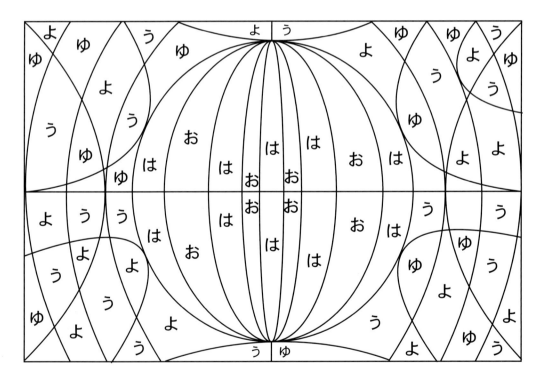

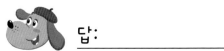

답: _____

❺ 다음 한글 뜻의 일본어 표기로 바른 것을 찾아 선으로 이으세요.

1. 안녕!　　　●　　　　　● a おはようございます！

2. 또 보자!　　●　　　　　● b 私は はな。

3. 나는 하나야.　●　　　　● c おはよう。

4. 안녕하세요?　●　　　　● d またね。

❻ 다음 문장을 일본어로 옮기세요.

1. 안녕! 나는 리카예요.

> りか　　は　　です　　私　　こんにちは

_____

2. 선생님! 안녕하세요?

> せんせい　　ます　　おはよう　ごあい

_____

① 뭐라고 대답하면 좋을지 사다리를 타고 내려가서 알맞은 대답을 하세요.

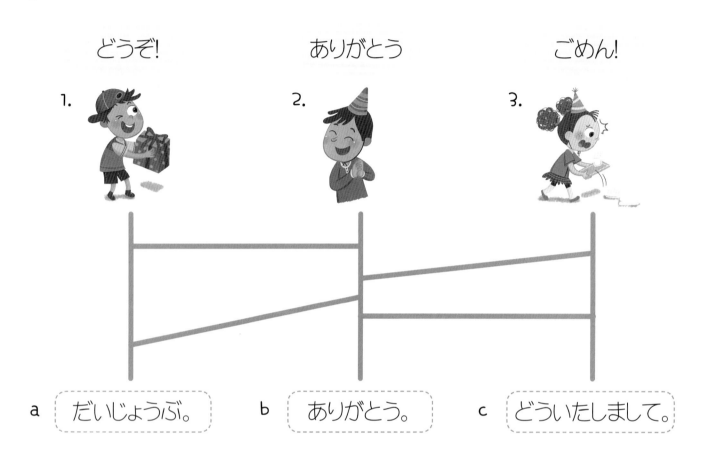

どうぞ!   ありがとう   ごめん!

1.   2.   3.

a だいじょうぶ。   b ありがとう。   c どういたしまして。

② 자연스러운 대화가 되도록 다음 빈칸에 들어갈 글자를 써 넣으세요.

a ど う ☐ !

b あ り ☐ と う !

c ☐ う い た し ま し て 。

❸ 다음 상황에서 어떤 말을 해야 할까요? 알맞은 말을 골라 써 보세요.

1.

2.

3.

4.

5.

1 _____ 。

2 _____ 。

3 _____ 。

4 _____ 。

5 _____ 。

a　ありがとう。

b　どうぞ。

c　どういたしまして。

d　だいじょうぶです。

e　すみません。

❸ 다음 한자를 색칠하고, 읽어 보세요.

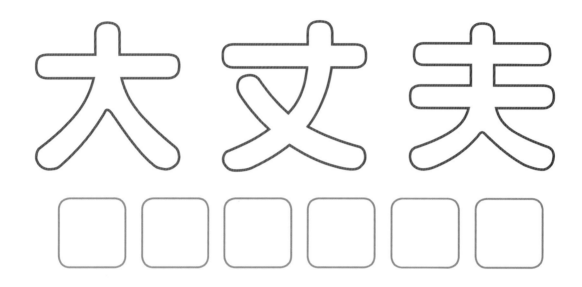

大 丈 夫

□ □ □ □ □ □

❹ 다음 문장을 읽고 따라 쓰세요.

고마워.

あ	り	が	と	う

죄송해요.

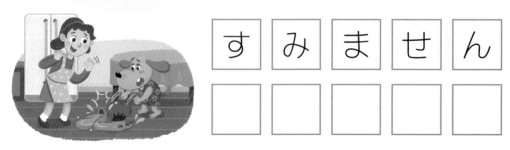

す	み	ま	せ	ん

⑤ 빈칸에 알맞은 단어를 넣어 퍼즐을 완성하세요.

2

힌트

ありがとう	すみません
どういたしまして	
どうぞ	だいじょうぶ

が

う　　　　ま

ぞ　　　よ

① 다음 빈칸에 들어갈 말로 알맞은 것을 고르세요.

1. 私の ＿＿＿＿は はなです。
＿＿＿＿＿＿＿。

2. 私は たけしです。
＿＿＿＿＿＿ よろしく。

| よろしく　　こちらこそ　　なまえ |

② 빈칸에 들어갈 말을 쓰고 자기소개를 해 보세요.

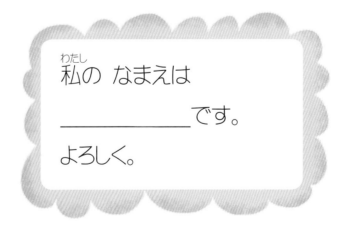

私の なまえは
＿＿＿＿＿＿です。
よろしく。

❸ 다음 질문에 일본어로 답하세요.

あなたの なまえは 何(なん)ですか。

_____。

の	りか
は	私
です	なまえ

❹ 알맞은 것끼리 선으로 연결하세요.

けんじ

・

・

| なまえ |

| なに |

・

・

| 何 |

| 名前 |

❺ 다음 그림에 해당하는 단어를 찾아 선을 잇고 뜻을 우리말로 쓰세요.

いしゃ

がか

コック

かんごふ

あの <ruby>人<rt>ひと</rt></ruby>は コックです。

6 다음 그림을 보고 알맞은 단어를 찾아 써 넣으세요.

けいさつかん	かしゅ	せんせい

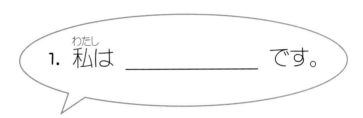

1. 私は _____ です。

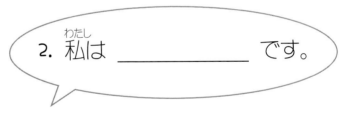

2. 私は _____ です。

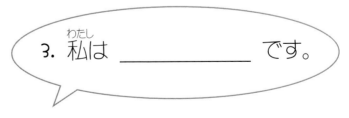

3. 私は _____ です。

① 다음 빈칸에 들어갈 말을 쓰세요.

どこの 国<ruby>くに</ruby>の 人<ruby>ひと</ruby>ですか。

1. 私は _____ です。
   あなたは?

2. 私たちは _____ です。

あなたも
アメリカじんですか。

3. いいえ、私は
アメリカじんじゃないです。
私は _____ です。

❷ 다음 문장을 일본어로 옮기세요.

1.

우리는 중국 사람이에요.

> です。 ちゅうごく人 私たち は

→ _____

2.

나는 중국사람이 아니에요.

> じゃないです。 は ちゅうごく人 私

→ _____

❸ 다음 단어를 큰 소리로 읽고 뜻을 쓰세요.

かんこく ＋ 人(じん) → かんこく人(じん) _____

アメリカ ＋ 人(じん) → アメリカ人(じん) _____

にほん ＋ 人(じん) → にほん人(じん) _____

ちゅうごく ＋ 人(じん) → ちゅうごく人(じん) _____

❹ 다음 한자 조각을 맞추어 연결한 다음 빈칸을 채우세요.

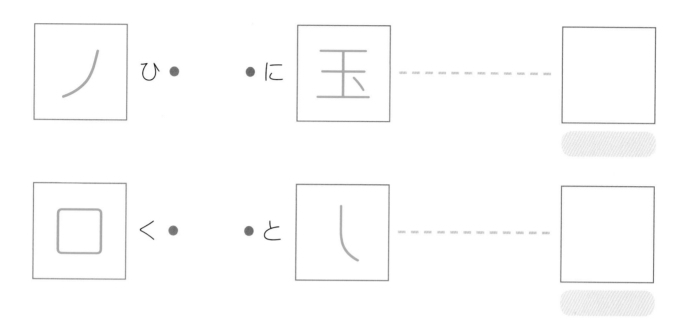

❺ 그림을 보고 알맞은 것에 동그라미 하세요.

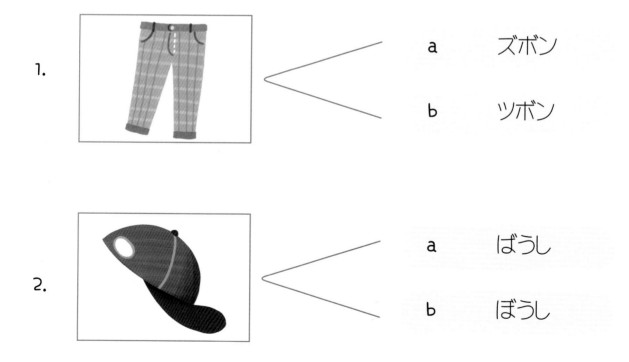

1.　　　　　　　　　　　a　　　ズボン

　　　　　　　　　　　　b　　　ツボン

2.　　　　　　　　　　　a　　　ばうし

　　　　　　　　　　　　b　　　ぼうし

❻ 알맞은 것끼리 바르게 연결하세요.

1

2

3

4

a 私は かんこく人です。

b 私は アメリカ人です。

c 私は にほん人です。

d 私は ちゅうごく人です。

Unit 5 あかが すき。

① 주어진 단어를 이용하여 답해 보세요.

何色_{なにいろ}が すきですか。

a みどり   b きいろ

c あお   d むらさき   e ピンク

a.＿＿＿＿＿＿＿＿＿＿＿＿＿＿＿＿＿＿＿＿

b.＿＿＿＿＿＿＿＿＿＿＿＿＿＿＿＿＿＿＿＿

c.＿＿＿＿＿＿＿＿＿＿＿＿＿＿＿＿＿＿＿＿

d.＿＿＿＿＿＿＿＿＿＿＿＿＿＿＿＿＿＿＿＿

e.＿＿＿＿＿＿＿＿＿＿＿＿＿＿＿＿＿＿＿＿

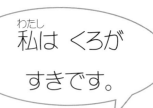

私_{わたし}は くろが すきです。

❷ 다음 표를 보고 답하세요.

はな

○ あか, ピンク, しろ

✕ くろ, オレンジ

1. A: はなは あかが すきですか。
   B: ＿＿＿＿、はなは あかが ＿＿＿＿＿。

2. A: はなは オレンジが すきですか。
   B: ＿＿＿＿、はなは オレンジが ＿＿＿＿＿＿。

3. A: はなは 何色(なにいろ)が すきですか。
   B: はなは、＿＿＿＿、＿＿＿＿、＿＿＿が すきです。

すきです きらいです
あか　　　ピンク　　しろ
はい　　　いいえ

❸ 다음 그림의 단어를 완성하세요.

1.
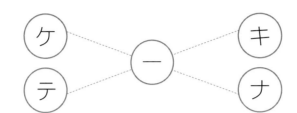

2.
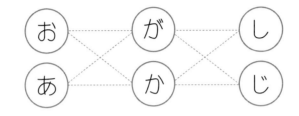

3.
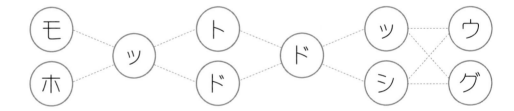

4.
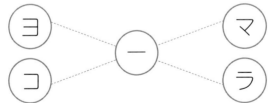

5.
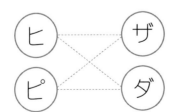

❹ 체크판에 있는 단어를 찾아 표시하고, 써 보세요.

す	ら	あ	る	さ	き	あ	ぽ
さ	ず	か	お	か	ろ	お	わ
あ	か	み	ど	り	あ	く	へ
か	き	ず	ろ	さ	み	す	ぷ
お	お	く	ら	ら	ず	べ	ぶ
む	ろ	さ	お	き	い	ぶ	び
に	ず	か	さ	い	ろ	ら	あ
ぬ	ら	ら	か	ろ	ら	り	ぱ
れ	む	さ	し	あ	ろ	い	お

色

しろ
みどり
きいろ
あお
あか
みずいろ
くろ
むらさき

———————   ———————   ———————   ———————

———————   ———————   ———————   ———————

❺ 다음 한자를 자신이 좋아하는 색깔로 칠하고, 읽는 법을 쓰세요.

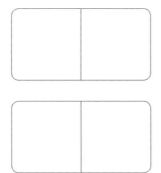

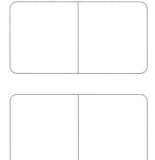

❶ 다음 글자를 읽고 빈칸에 알맞은 숫자를 쓰세요.

いち ————— 1

し(よん) ————— ☐

じゅう ————— ☐

に ————— ☐

さん ————— ☐

ご ————— ☐

きゅう(く) ————— ☐

ろく ————— ☐

しち(なな) ————— ☐

はち ————— ☐

❷ 다음 문장을 읽고 나이를 숫자로 쓰세요.

1. 私は じゅっさいです。

2. 私は ろくさいです。

3. 私は じゅうにさいです。

4. 私は じゅうよんさいです。

❸ 빈칸에 들어갈 알맞은 말을 써 넣으세요.

いくつ？

a _____

다섯 살이에요.

いくつですか。

b _____

아홉 살이에요.

いくつ？

c _____

네 살.

❹ 다음 문장을 읽고 나이에 맞게 케익에 초를 그려 주세요.

1.  _{わたし}私は はっさいです。

2. _{わたし}私は ろくさいです。

3. _{わたし}私は きゅうさいです。

❺ 맞는 것을 골라 동그라미표 하세요.

Ⓐ いくつですか。
Ⓑ （じゅっ・じゅう）さいです。

Ⓐ いくつですか。
Ⓑ （く・きゅう）さいです。

Ⓐ いくつ？
Ⓑ （はち・はっ）さいです。

❻ 숫자를 순서대로 연결하세요. 어떤 그림이 나오나요?

답: _____

❼ 1에서 10까지 바르게 읽은 것을 따라 가 보고 그 순서대로 빈칸에 쓰세요.

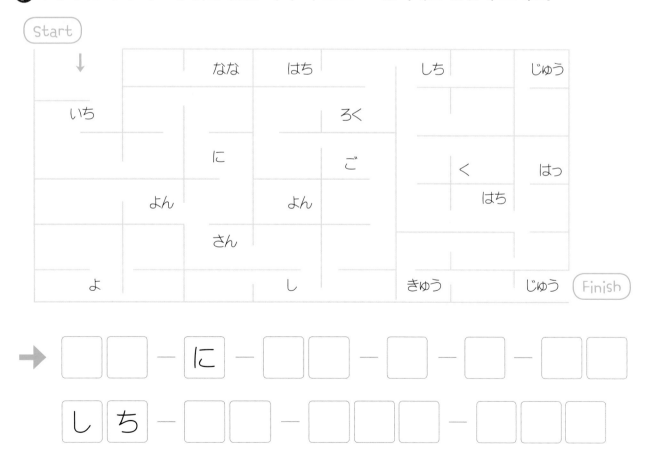

→ ⬜⬜ – に – ⬜⬜ – ⬜ – ⬜ – ⬜⬜

し ち – ⬜⬜ – ⬜⬜⬜ – ⬜⬜⬜

何年生まれ?

① 우리말로 된 부분을 일본어로 말해 보세요.

① 띠가 뭐야?

いぬ年だよ。

①

何年生まれですか。

② 원숭이띠예요.

②

❷ 다음 단어를 찾아 체크 하세요.

ひつじ
とり
ねずみ
とら
さる
いぬ
へび

❸ 우리말 뜻을 보고, 바른 문장에 체크 하세요.

띠가 뭐예요?

□ 年が 何生まれですか。

□ 何年生まれですか。

말띠예요.

□ うし年です。

□ うま年です。

❹ 다음 한자의 빠진 획을 그리고 써 보세요.

❺ 그림을 보고 알맞은 것에 동그라미 하세요.

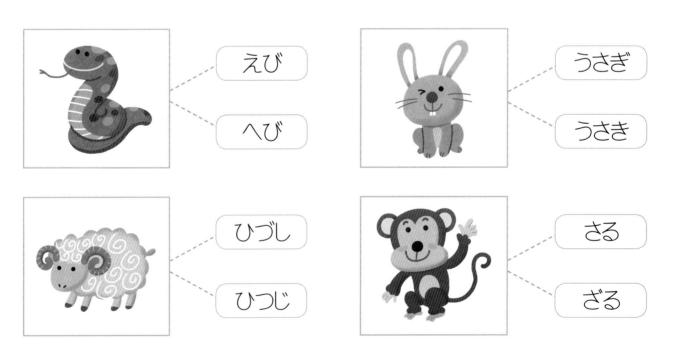

えび
へび

うさぎ
うさき

ひづし
ひつじ

さる
ざる

⑥ 다음 그림에 알맞은 단어를 골라 쓰세요.

보기

とら　うま
カバ　ぞう

1 다음 빈칸에 들어갈 말로 알맞은 것을 고르세요.

ⓐ お母さん　ⓑ たち　ⓒ だれ　ⓓ お父さん

ⓔ おねえちゃん　ⓕ おじいちゃん　ⓖ おばあちゃん

A　この人<ruby>人<rt>ひと</rt></ruby>は _____ですか。

B　<ruby>私<rt>わたし</rt></ruby>の _____です。

A　この人<ruby>人<rt>ひと</rt></ruby>_____は だれですか。

B　<ruby>私<rt>わたし</rt></ruby>の _____と _____です。

A　この人<ruby>人<rt>ひと</rt></ruby>_____は <ruby>私<rt>わたし</rt></ruby>の _____と
_____です。

❷ 알맞은 것끼리 바르게 연결하세요.

   ●   ●   아버지   ●   おじいちゃん

   ●   ●   남동생   ●   お父^{とう}さん

   ●   ●   누나(언니)   ●   お母^{かあ}さん

   ●   ●   어머니   ●   おねえちゃん

   ●   ●   할아버지   ●   おとうと

❸ 다음 한자를 색칠하고, 관련이 있는 것끼리 연결하세요.

　おとうさん

　おかあさん

❹ 다음 문장을 읽고 한자의 음을 쓰시오.

1　あの 人は 私の おばあちゃんです。

2　どこの 国の 人ですか。/ アメリカ人です。

3　私の 名前は りかです。

❺ 빈칸에 알맞은 단어를 넣어 퍼즐을 완성하세요.

힌트

いもうと
おとうと
おかあさん
おにいちゃん
おじいちゃん

❻ 읽고, 따라 쓰세요.

だれですか。
누구세요?

私(わたし)のいもうとです。
내 여동생이에요.

❶ 다음 대화가 이루어지도록 바른 순서대로 기호를 쓰세요.

a おにいちゃんは いますか。

b 5人家族です。

c いいえ、 おねえちゃんが います。

d 何人家族ですか。

→ ___ → ___ → ___

❷ 그림을 보면서 틀린 부분을 찾아 바르게 고치세요.

1　お父さんと、お母さん、おばあちゃんが います。

_____ → _____

私

2　私は3人家族です。お母さんと おとうとが います。

_____ → _____

私

❸ 다음 그림을 보고, 빈칸에 알맞은 말을 써 넣으세요.

1

私は _____ です。
お父さん、_____ 、
おとうと、_____ が います。

2

私も _____ です。
_____ が います。

3

私は _____ です。
_____ は いません。

ごにん　ろくにん　かぞく　お母さん　おにいちゃん　いもうと　おばあちゃん

❹ 다음 한자에 자신이 좋아하는 색깔로 색칠하고, 읽는 법을 쓰세요.

❺ 문장을 읽고 해당하는 글자를 찾아 O표 하고, 문장을 완성하세요.

나는 세 식구예요.

Start

↓

	は		ねん		か		の
わ				にん		ぞ	
	た		さん		ひ	は
わ		よん			く	
	し					
は		は		で	す	Finish

。

❻ 체크판에 있는 단어들을 찾고, 아래 그림에 단어를 쓰세요.

セ	い	れ	け	は	せ	わ	け
れ	け	で	い	わ	れ	れ	い
す	い	は	ん	き	い	く	た
た	う	ぞ	い	こ	ぞ	す	い
エ	ア	コ	ン	き	う	は	で
ん	た	ぷ	で	こ	こ	せ	ん
い	ん	わ	た	は	す	ん	わ
せ	せ	ん	た	く	き	く	き
ろ	ア	ん	ぶ	ろ	ン	ぞ	え

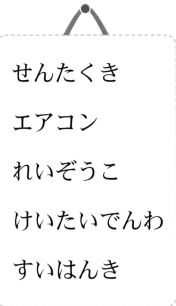

せんたくき

エアコン

れいぞうこ

けいたいでんわ

すいはんき

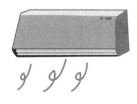

1 우리말로 된 부분을 일본어로 말해 보세요.

これは 何?

a. 이건 책상과 의자야.

c. 저건 뭐야?

b. 저건 언니 모자야.

❷ 다음 빈칸을 채우고, 읽어 보세요.

はな

にんぎょう

❸ 다음 그림에 花는 노란색, 人形는 빨간색으로 칠해보세요. 무엇이 보이나요?

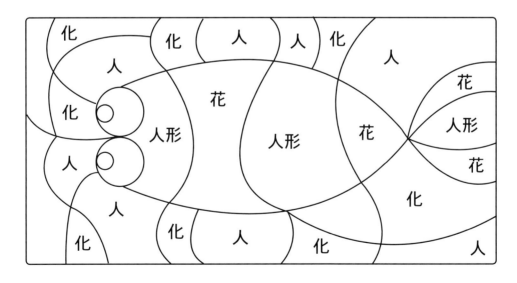

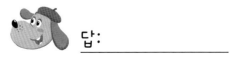

답 : _____

④ 다음 그림을 보고 알맞은 단어를 빈칸에 써 넣고 문장을 써 보세요.

これ それ あれ

a. _____ 。

b. _____ 。

a. _____は 何ですか。

b. _____は かびんです。

c. _____ 。

c. _____は ソファーです。

d. _____は 何ですか。

d. _____ 。

e. _____ 。

e. _____は テレビです。

❺ 그림을 보고 알맞은 단어를 써 넣으세요.

1
2
3
4

パソコン　かばん　テレビ　でんわ

① 1 おはよう

    2 私は はな

    3 またね

②

③ 1 私 わたし

    2 子 こ

④ 수박
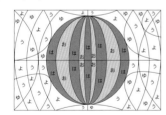

⑤ 1 - c

    2 - d

    3 - b

    4 - a

⑥ 1 こんにちは。私は りかです。

    2 せんせい、おはようございます。

① 1 - b

    2 - c

    3 - a

② a - ぞ

    b - が

    c - ど

③ 1 - b

    2 - a

    3 - c

    4 - e

    5 - d

④

大丈夫

だいじょうぶ

⑤ ありがとう

    すみません

⑥
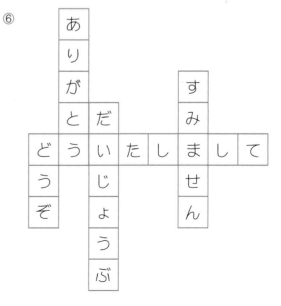

❸ 名前は 何?　　　　　　　　　　p.10

① a　なまえ, よろしく

　　b　こちらこそ

②

私の なまえは
(자기이름)_____ です。
よろしく。

③ 私の なまえは りかです。

④
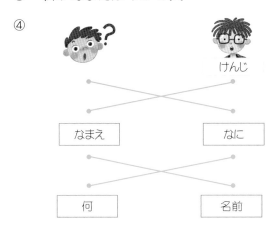

⑤
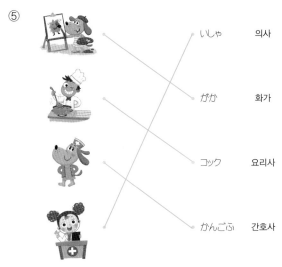

いしゃ　　　　의사

がか　　　　　화가

コック　　　　요리사

かんごふ　　　간호사

⑥ 1　せんせい

　　2　けいさつかん

　　3　かしゅ

❹ 私は かんこく人。　　　　　　p.14

① アメリカじん、ちゅうごく人、にほん人

② 1 - 私たちは ちゅうごく人です。

　　2 - 私は ちゅうごく人じゃないです。

③ 한국사람, 미국사람, 일본사람, 중국사람

④
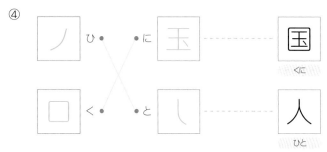

⑤
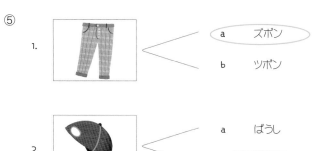

1.　　a　ズボン
　　　b　ツボン

2.　　a　ばうし
　　　b　ぼうし

⑥ 1 - c

　　2 - d

　　3 - a

　　4 - b

❺ あかが すき。　　　　　　　　p.18

① a - 私は みどりが すきです。

　　b - 私は きいろが すきです。

　　c - 私は あおが すきです。

　　d - 私は むらさきが すきです。

　　e - 私は ピンクが すきです。

② 1 - はい、すきです。

2 - いいえ、きらいです。

3 - あか、ピンク、しろ

③

1. ケ ー キ
   テ ナ

2. お が し
   あ か じ

3. モ ッ ト ド ッ ウ
   ホ ド シ グ

4. ヨ ー マ
   コ ラ

5. ヒ ザ
   ピ ダ

④

す	ら	あ	る	さ	き	あ	ぽ
さ	ず	か	お	か	ろ	お	わ
あ	か	み	ど	り	あ	く	へ
か	き	ず	ろ	さ	み	す	ぷ
お	お	く	ら	ら	ず	べ	ぶ
む	ろ	さ	お	き	い	ぶ	び
に	ず	か	さ	い	ろ	ら	あ
ぬ	ら	ら	か	ろ	ら	り	ぱ
れ	む	さ	し	あ	ろ	い	お

しろ, みどり, きいろ, あお

あか, みずいろ, くろ, むらさき

⑤ いろ

6 いくつ? p.22

① 1, 4, 10, 2, 3, 5, 9, 6, 7, 8

② 10, 6, 12, 14

③ a - ごさいです。

b - きゅうさいです。

c - よんさい。

④ 1

2

3

⑤ Ⓐ いくつですか。

Ⓑ (じゅっ・じゅう) さいです。

Ⓐ いくつですか。

Ⓑ (く・きゅう) さいです。

Ⓐ いくつ?

Ⓑ (はち・はっ) さいです。

⑥ 우산

じゅう いち
に
さん
し
はち きゅう ご
しち ろく

⑦ いち, に, さん, し, ご, ろく, しち, はち, きゅう, じゅう

❼ 何年生まれ?　　　　　p.26

① 1 － 何年生まれ?

　 2 － さる年です。

②

③ 何年生まれですか。

　うま年です。

④

⑤

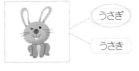

えび / へび

うさぎ / うさき

ひづし / ひつじ

さる / ざる

⑥ カバ, うま, ぞう, とら

❽ あの人は だれ?　　　　　p.30

① A　c

　B　d

　A　b

　B　a, e (＝ e, a)

　A　b, f, g (＝ b, g, f)

②

③

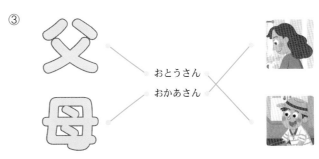

④ 1　ひと, わたし

　 2　くに, ひと, じん

　 3　なまえ

⑤

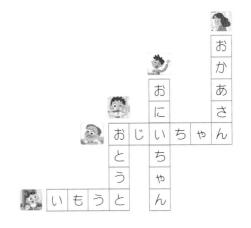

❾ 何人家族?　　　　　　　　　　p.34

① d, b, a, c

② 1　おばあちゃん → おにいちゃん

　 2　おとうと → お父さん(おとうさん)

③ 1　5人家族(ごにんかぞく)

　　　お母(かあ)さん, いもうと

　 2　5人家族(ごにんかぞく)

　　　おばあちゃん

　 3　6人家族(ろくにんかぞく)

　　　おにいちゃん

④　かぞく

⑤
```
Start
       は    ねん    か    の
 わ           にん    ぞ
       た    さん    ひ    は
 わ    し           く
 は         は    で    す  Finish
```

れたしはさんにんかぞくです。

⑥

セ	い	れ	け	は	せ	わ	け
れ	け	で	い	わ	れ	れ	い
す	い	は	ん	き	い	く	た
た	う	ぞ	い	こ	ぞ	す	い
エ	ア	コ	ン	き	う	は	で
ん	た	ぷ	で	こ	こ	せ	ん
い	ん	わ	た	は	す	ん	わ
せ	せ	ん	た	く	き	く	き
ろ	ア	ん	ぶ	ろ	ン	ぞ	え

せんたくき, エアコン, すいはんき

けいたいでんわ, れいぞうこ

❿ これは 何?　　　　　　　　　　p.38

① a － これは つくえと いすだよ。

　 b － あれは なに?

　 c － あれは おねえちゃんの ぼうしだよ。

② 花(はな), 人形(にんぎょう)

③ 물고기

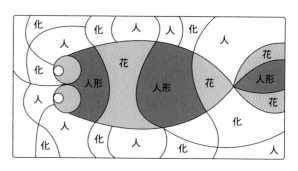

④ a あれ

　 b あれ

　 c これ

　 d あれ

　 e あれ

⑤ 1 テレビ

　 2 でんわ

　 3 パソコン

　 4 かばん

개정판 1쇄 2019년 7월 10일
기획편집부 지음
발행인   이기선
발행처   제이플러스
          서울시 마포구 월드컵로 31길 62
전화   영업부 02-332-8320 편집부 070-4734-6248
팩스   02-332-8321
홈페이지 www.jplus114.com
등록번호 제10-1680호
등록일자 1988년 12월 9일
ISBN   979-11-5601-100-2
© JPLUS 2007, 2019

값 6,000원

Memo

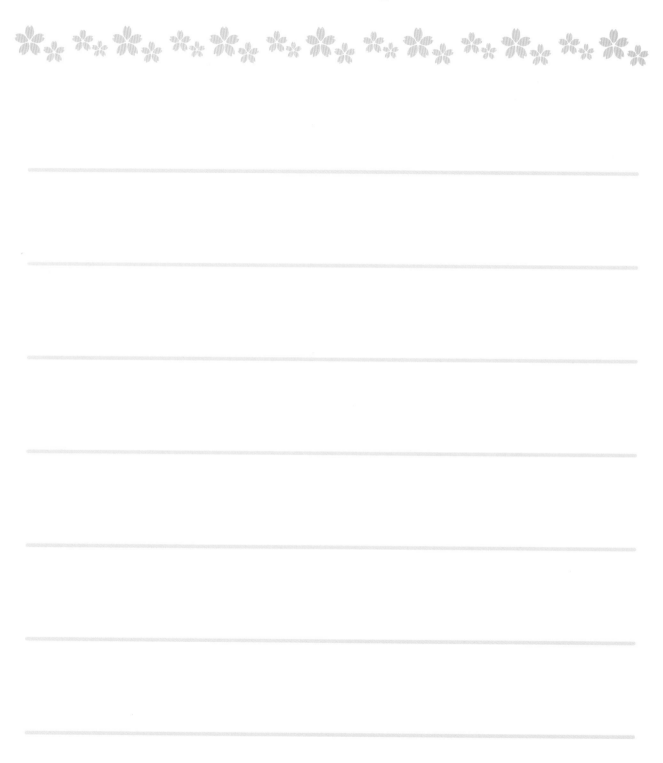